W0252068

Collection

CHAILLET et MEULEAU

Histoire et Géographie

D. Chaillet

Ancien élève de l'École Normale supérieure
de Saint-Cloud
Agrégé de l'Université

M. Meuleau

Ancien élève de l'École Normale supérieure
Agrégé de l'Université

L. Béatrix

Inspecteur départemental
de l'Éducation nationale

G. Debard

Professeur d'École Normale à Lyon

G. Phlix

Conseiller pédagogique

CP

Bordas

SOMMAIRE

"Toute représentation ou reproduction, intégrale ou partielle, faite sans le consentement de l'auteur, ou de ses ayants droit, ou ayants cause, est illicite (loi du 11 mars 1957, alinéa 1er de l'article 40). Cette représentation ou reproduction, par quelque procédé que ce soit, constituerait une contrefaçon sanctionnée par les articles 425 et suivants du Code pénal. La loi du 11 mars 1957 n'autorise, aux termes des alinéas 2 et 3 de l'article 41, que les copies ou reproductions strictement réservées à l'usage privé du copiste et non destinées à une utilisation collective d'une part, et, d'autre part, que les analyses et les courtes citations dans un but d'exemple et d'illustration"

© BORDAS, PARIS, 1986

ISBN 2-04-016555-X

Programme (extraits)

Histoire
Rythmes et mesure du temps (le jour et la nuit ; les saisons ; l'heure et le calendrier).
Evénements marquants de la vie de l'enfant, de sa famille, de sa classe, de la commune, de la nation (anniversaires, fêtes, vacances, commémorations).
Construction d'une première frise chronologique portant sur la vie personnelle et collective.
Géographie
Observation et description d'espaces familiers ; comparaison avec des espaces plus éloignés.
Premières analyses de paysages par l'étude de l'environnement proche (milieu naturel et marques de l'activité des hommes).

Arrêté du 23 avril 1985.

Préface

Nous nous adressons ici aux éducateurs, enseignants ou parents ; mais il est bien évident que nous avons voulu faire un livre pour la classe, un manuel que l'élève utilisera comme un outil, répondant à ses incitations, à ses exercices, finalement lecteur et consultant de ses textes et de ses documents.

Le manuel participe de trois approches complémentaires des contenus éducatifs :
– celle de l'enfant qui, sollicité au niveau de ses préoccupations nées de sa vie quotidienne ou de son environnement, réagit directement au texte ou à l'image ;
– celle des élèves de la classe qui, invités à travailler ensemble, s'expriment, communiquent, manipulent, construisent... ;
– celle enfin du maître qui, en fonction de l'évaluation des besoins, structure les notions par un entraînement progressif à l'observation, à la description et à la comparaison d'êtres, d'événements ou de phénomènes présentés en situation.

Conformément aux instructions et programmes officiels d'avril 1985, nous avons organisé les contenus en fonction de ce qu'il faut étudier en Histoire et en Géographie.

Cependant, assurer la cohérence de l'enseignement – toutes les disciplines participant à une formation générale – demeure une condition *sine qua non* au Cours préparatoire. C'est pourquoi nous nous sommes efforcés de présenter chaque thème en l'intégrant le plus possible à l'ensemble des activités proposées par ailleurs à l'enfant.

Nous avons tenu compte aussi de l'évolution des besoins et des acquisitions faites en cours d'année dans tous les domaines. Enfin, nous proposons, dans le livre du maître, des suggestions pour la mise en œuvre des leçons de cet ouvrage.

Mais il est temps de rendre le manuel à l'élève, en espérant que chaque leçon sera une réponse à des questions qu'il se pose.

Les auteurs.

1

À l'école maternelle.

1 Dans la cour de l'école

2

À la grande école.

3

« La récréation ». (Peinture de Marie-Jo.)

4 et 5

Les enfants
font de la gymnastique.

Où vont les enfants ?

1

Il y a des dessins sur les murs.

2 Dans la classe

2

Des enfants lisent avec la maîtresse.

3

Anne a dessiné sa classe.

4 et 5

C'est le coin bibliothèque.

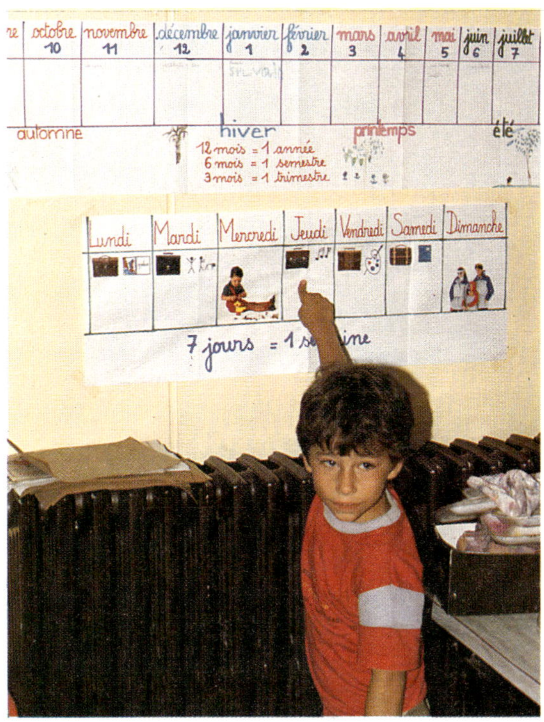

C'est le coin météo.

Toi aussi,
tu dessines ta classe.

3 Un jour d'école

Que fait-on à l'école ?

Les mathématiques.

La musique.

Les sciences.

La récréation.

La bibliothèque.

1. Tu observes les dessins.

Tu dis quelles activités ils représentent.
Tu dis celles que tu fais dans la classe.
Tu dis celles que tu fais au-dehors.

Tu dis celles que tu fais le matin. 

Tu dis celles que tu fais à midi. 

Tu dis celles que tu fais l'après-midi. 

2. Voici le moment préféré des enfants de la classe.

au stade

Et toi, quel est ton moment préféré ?
Tu dis ce que tu fais avant et après.

On joue.

On dort.

4
A la maison

Et à la maison, que fait-on ?

On fait
les commissions.

On se retrouve le soir pour dîner.

On regarde la télévision.

1. Tu observes les dessins.

Tu dis ce que tu fais le jour.
Tu dis ce que tu fais la nuit.

2. Tu observes les dessins.
Tu dis ce que tu fais le lundi, le mardi, le mercredi, le jeudi, le vendredi, le samedi et le dimanche.

3. Tu écris la date d'aujourd'hui.
Tu écris la date d'hier.
Tu écris la date de demain.

1

Dans le centre de la ville, il y a des maisons anciennes.

5
Les maisons

2

Il y a de grands immeubles à côté des maisons individuelles. C'est la ville.

3

Il y a un lotissement près du village.
C'est presque la campagne.

4 et 5

C'est un mas en Camargue.

C'est un chalet dans les Alpes.

1

Des équipes de vendangeurs sont venues dans le pays pour cueillir le raisin.

6 C'est l'automne, les arbres changent

2

Les arbres ont changé.
Les gens des villes vont se promener dans les parcs.
Ils vont aussi ramasser les champignons dans les bois.

SEPTEMBRE			
Les jours diminuent de 1 h 46			
1	L	Gilles	36
2	M	Ingrid	
3	M	Grégoire	
4	J	Rosalie	
5	V	Raïssa	
6	S	Bertrand	
7	D	Reine	
8	L	Nativité N-D	37
9	M	Alain	
10	M	Inès	
11	J	Adelphe	
12	V	Apollinaire	
13	S	Aimé	
14	D	Sainte-Croix	
15	L	Roland	38
16	M	Edith	
17	M	Renaud	
18	J	Nadège	
19	V	Emilie	
20	S	Davy	
21	D	Matthieu	
22	L	Maurice	39
23	M	Constant	
24	M	Thècle	QT
25	J	Hermann	
26	V	Côme/Damien	
27	S	Vincent de Paul	
28	D	Venceslas	
29	L	Michel	40
30	M	Jérôme	
Automne : 23 septemb. à 7 h 59			

3

Déjà, les hirondelles se rassemblent
pour partir vers les pays chauds.

4

À la Toussaint,
on achète des chrysanthèmes.

Tu cherches la date de l'Automne.
Tu écris cette date.

7
Ce que nous devons savoir

1. Tu regardes le dessin. Tu racontes.

2. Tu lis l'heure.

3. Tu recopies et tu complètes.
Avant midi, c'est le . . . . .
Après midi, c'est l'. . . . .

4. Tu lis les jours de la semaine.

Lu	Ma	Me	Je	Ve	Sa	Di

5. Tu écris les jours de la semaine.

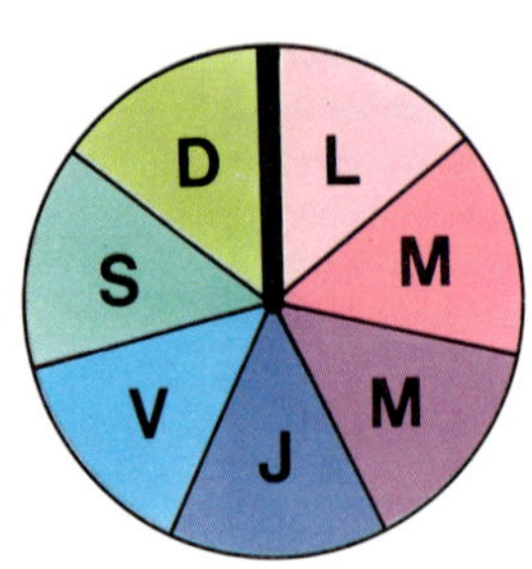

6.

13	L	Géraud	42
14	M	Juste	
15	M	Thérèse d'Avila	
16	J	Edwige	
17	V	Baudouin	
18	S	Luc	
19	D	René	

C'est une semaine
du mois d'octobre.
Tu la cherches sur le calendrier
à la fin du livre.
Tu la colories sur ton calendrier.

7. Ce sont des boîtes aux lettres.

A quelle heure est
la levée
du courrier ?

heures des levées
9 H 40
18 H 30
— samedi —
9 H 30

8. Tu lis les dates.

17 SEPT 86   16 OCT 86   23 SEPT 86   27 SEPT 86
4 OCT 86

Tu cherches ces dates sur le calendrier à la fin du livre.
Pour chaque date, tu dis quel jour de la semaine c'était.

9. Tu marques la date de ton anniversaire avec un dateur.

10. Tu regardes les dessins et tu dis le temps qu'il a fait le 11 novembre.

				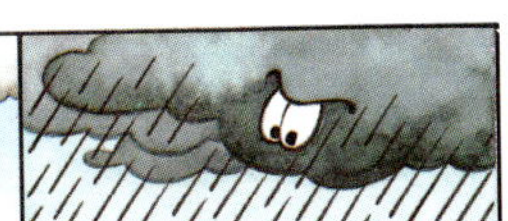

11. C'est l'automne, les arbres changent.

Les hirondelles partent en Afrique.

Les vendangeurs sont dans les vignes.

Le jour est plus court que la nuit.

Le 1er novembre, c'est la Toussaint.

1

Regarde bien ! Tu as déjà vu cette photo de classe.

8
La maquette de la classe

2

Avec ses élèves, la maîtresse a fabriqué la maquette de la classe.

3

Tu regardes la maquette de la classe.
Tu dis où sont les « coins » sur la maquette.

4

Tu regardes la flèche rouge. Tu dis d'où est parti l'élève et où il est allé.

1

C'est un « Poilu ».

9
Le 11 novembre

2

Chaque année, le président de la République
se rend à l'Arc de triomphe.
Ce jour-là, la musique militaire joue la « Marseillaise ».

NOVEMBRE			
Les jours diminuent de 1 h 21			
1	S	TOUSSAINT	
2	D	Défunts	
3	L	Hubert	45
4	M	Charles Borrom.	
5	M	Sylvie	
6	J	Bertille	
7	V	Carine	
8	S	Geoffroy	
9	D	Théodore	
10	L	Léon	46
11	M	VICTOIRE 1918	
12	M	Christian	
13	J	Brice	
14	V	Sidoine	
15	S	Albert	
16	D	Marguerite	
17	L	Elisabeth	47
18	M	Aude	
19	M	Tanguy	
20	J	Edmond	
21	V	Présent. N.-D.	
22	S	Cécile	
23	D	Christ-Roi	
24	L	Flora	48
25	M	Cath. Labouré	
26	M	Delphine	
27	J	Séverin	
28	V	Jacq. de la M.	
29	S	Saturnin	
30	D	Avent	

3

Les anciens combattants vont défiler devant le monument aux morts.

4

Ce monsieur était à la bataille de Verdun. Aujourd'hui, il est vieux.

Polycopie sur cahier élève Hachette CE1

Cherche sur le calendrier :
TOUSSAINT VICTOIRE 1918

1

Joyeux anniversaire !

10 Les anniversaires

2

Qui a déjà fêté son anniversaire cette année ?
Qui va bientôt fêter son anniversaire ?

3

Bonne fête Maman !

La fête des Mères.

4 et 5

Bon anniversaire
Grand-Mère !

« Heureux anniversaire Papy.
Je viendrai te voir bientôt. »

Tu cherches la photo d'un anniversaire
qui t'a beaucoup plu. Tu racontes la fête.

1

Une grand-rue, le matin.

11
Les rues

2 et 3

Un boulevard à Paris, la nuit.
Tout est encore éclairé.
Et pourtant, il est très tard.

Un carrefour en banlieue,
vers 17 heures.
C'est le moment où les gens
rentrent du travail.
Il y a beaucoup de circulation.

4

Une zone piétonne.

5

La rue principale d'un village.

J'habite rue des Sept-Troubadours
31000 Toulouse.
Et toi, où habites-tu ? Écris ton adresse.

1

Au musée de la boulangerie,
on peut voir
toutes sortes de pains
et les outils du boulanger.

12
Chez le boulanger

2

Nous voici chez la boulangère.
Elle vend des baguettes, des flûtes, des croissants...
C'est le jour.

3 et 4

Ce four est moderne.

Le pétrissage à la main.

C'est la nuit. Le boulanger travaille dans le fournil.

5 et 6

La pâte a levé.
Les boules sont prêtes.

L'ouvrier façonne
les croissants.

Tu retrouves les étapes
de la fabrication du pain.

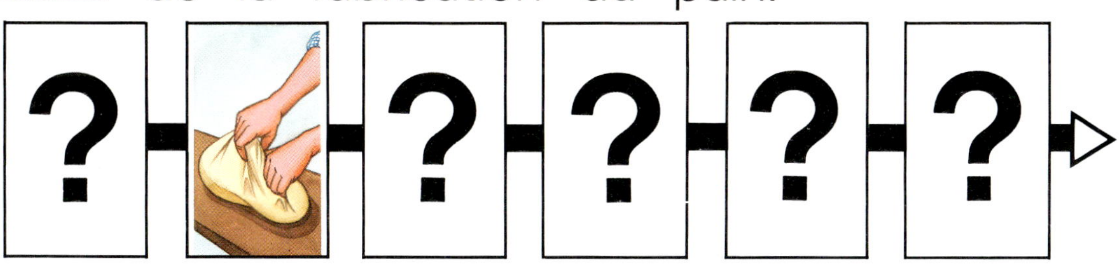

1

Le soir, la rue est illuminée.
On prépare déjà la fête de Noël.

13
C'est bientôt Noël !

2

Au Salon du Jouet. Voici le stand des ours, des singes, des lapins en peluche.

DECEMBRE			
Les jours diminuent de 16 mn			
1	L	Florence	49
2	M	Viviane	
3	M	Franç. Xavier	
4	J	Barbara	
5	V	Gérald	
6	S	Nicolas	
7	D	Ambroise	
8	L	Imm.Conc.	50
9	M	Pierre Fourier	
10	M	Romaric	
11	J	Daniel	
12	V	Chantal	
13	S	Lucie	
14	D	Odile	
15	L	Ninon	51
16	M	Alice	
17	M	Judicaël	QT
18	J	Gatien	
19	V	Urbain	
20	S	Théophile	
21	D	Pierre Canisius	
22	L	Françoise-X.	52
23	M	Hartmann	
24	M	Adèle	
25	J	NOEL	
26	V	Etienne	
27	S	Jean Apôtre	
28	D	Ste Famille	
29	L	David	01
30	M	Roger	
31	M	Sylvestre	
Hiver : 22 décembre à 4 h 02			

3

C'est un calendrier de l'Avent.

4

Chauds ! Chauds les marrons !

Tu cherches
la Saint-Nicolas sur le calendrier.

Et Noël, c'est dans combien de jours ?
Quel jour commence l'hiver ?

1

Joyeux Noël !

14
C'est Noël !

2

C'est la crèche. L'Enfant Jésus est né à minuit.
Bientôt, les Rois Mages lui apporteront des cadeaux.

3

Une veillée de Noël, autrefois.

4 et 5

Loin de chez nous, on fête Noël dans le monde entier.

Avant-hier, la maîtresse nous a lu un conte de Noël. C'était très beau.

1

Meilleurs vœux !

15 La nouvelle année

2

Dans deux minutes, il sera minuit et l'on s'embrassera ! C'est la nuit du 31 décembre, on s'amuse beaucoup. Demain, on recevra des étrennes. Ce sera le Jour de l'An.

3 et 4

La maîtresse
nous a fait une surprise :
elle a apporté
un calendrier chinois !

Il existe
toutes sortes de calendriers.
Les élèves
en ont apporté beaucoup.

5

Chaque année, le facteur apporte le calendrier des Postes dans les maisons.

1

C'est bientôt Mardi gras,
il faut fabriquer les masques.

16 C'est l'hiver, les jours sont courts

2

Les passants, emmitouflés dans leurs manteaux, traversent le jardin public. Il a neigé.

FEVRIER

Les jours augmentent de 1 h 34

1	S	Ella	
2	D	Présentation	
3	L	Blaise	06
4	M	Véronique	
5	M	Agathe	
6	J	Gaston	
7	V	Eugénie	
8	S	Jacqueline	
9	D	Apolline	
10	L	Arnaud	07
11	M	Mardi gras	
12	M	Cendres	*ja*
13	J	Béatrice	
14	V	Valentin	*a*
15	S	Claude	
16	D	Carême	
17	L	Alexis	08
18	M	Bernadette	
19	M	Gabin	*QT*
20	J	Aimée	
21	V	Pierre Damien	*a*
22	S	Isabelle	
23	D	Lazare	
24	L	Modeste	09
25	M	Roméo	
26	M	Nestor	
27	J	Honorine	
28	V	Romain	*a*

3

En montagne, les touristes font du ski.

4

Tôt le matin, les cantonniers
ont jeté du sable et du sel
sur la chaussée.
Les camions peuvent circuler.
Attention au verglas !

Tu cherches Mardi gras sur le calendrier.
Quel jour a commencé l'hiver ?

17

Ce que nous devons savoir

1. Tu complètes.

■ L'immeuble ancien où j'habite est calme.
Mais tous les matins, la benne des ordures ménagères fait du bruit dans la . . . .

■ Les nuits d'été, sur les grands . . . ., dans les grandes villes, les terrasses des cafés sont pleines de monde. Les taxis roulent vite.

■ Attention ! Ce . . . . est dangereux. Un agent de police règle la circulation, les jours de marché.

■ Les automobilistes n'ont pas le droit de circuler dans la zone . . . .

■ Le concours de pétanque aura lieu sur la . . . . du village, à partir de 10 heures.

2. Tu regardes le calendrier page 69 et tu dis ce qui s'est passé ces jours-là.

23 SEPT	**1 NOV**	**11 NOV**	**22 DÉC**
25 DÉC	**1 JANV**	**5 JANV**	**11 FÉV**

3. Tu lis l'heure.

La récréation du matin :

La récréation de l'après-midi :

4. Tu recopies et tu complètes avec la date.
Aujourd'hui, c'est le ....
Hier, c'était le ....
Demain, on sera le ....

5. Tu écris sur ton cahier les mois de l'année en entier.

01 J ________	**04 A** ________	**07 J** ________	**10 O** ________
02 F ________	**05 M** ________	**08 A** ________	**11 N** ________
03 M ________	**06 J** ________	**09 S** ________	**12 D** ________

6. Tu devines les mois de l'année.

J F M A M J J A S O N D

7. Tu recopies le tableau et tu le remplis avec des croix.

	S	**O**	**N**	**D**	**J**
30 jours					
31 jours		X			

8. Tu écris sur ton cahier ta date de naissance.

Je suis né(e) le ....

9. Le frère d'Anne a eu 9 ans. Tu complètes.

... ans **.. ans**

l'an dernier **cette année** **l'an prochain**

10. C'est l'hiver, les jours sont courts.
Du verglas se forme sur les routes.
Les gens des villes partent faire du ski en montagne.
À la Chandeleur, on mange des crêpes.

1

Te rappelles-tu la maquette ?

18 Le plan de la classe

2

P = place de l'élève.
B = bureau de la maîtresse.
L = coin bibliothèque.
M = coin météo.

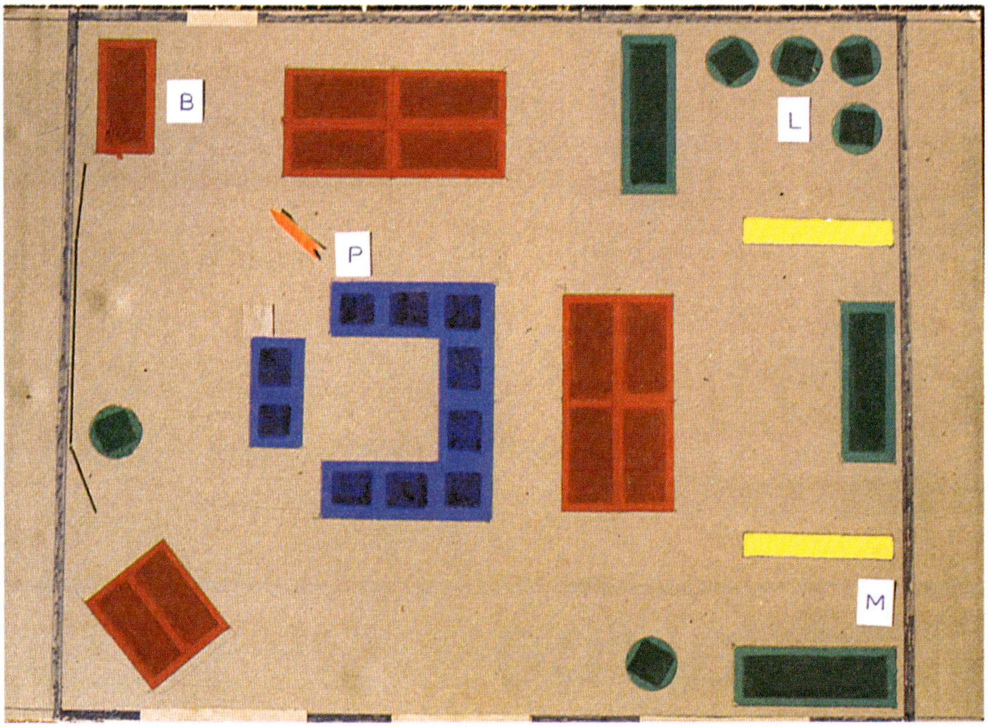

3

Tu refais l'itinéraire P → B → L → M.

4

Attention !
Le plan de la classe a été tourné.

Arnaud a dessiné le plan de sa classe.
Il a collé des vignettes à la place des élèves.
La flèche verte veut dire : sortie sur la cour.
Tu dis par où passent les élèves pour sortir en récréation.

1

D'en haut, on voit mieux
les rues et les toits.

19
Le plan de la rue

2

Dans cette rue, à Lyon, il y a un magasin
de modèles réduits. Quels autres magasins voit-on ?

3

Arnaud a dessiné sa rue. Toi aussi, tu peux dessiner ta rue.

4 et 5

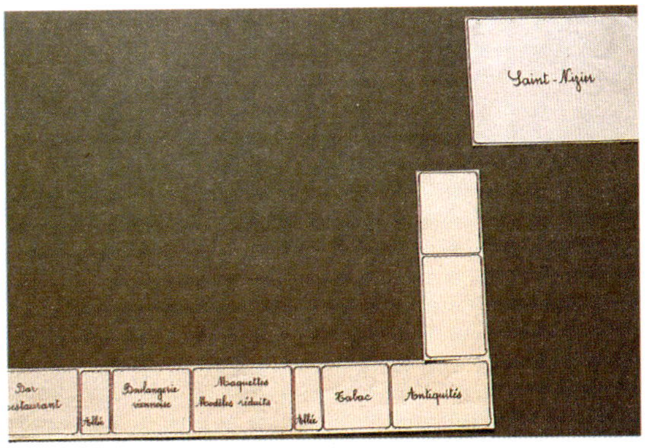

Voici la maquette d'une rue.
Est-ce que tu reconnais
la rue de la photo 2 ?
Les magasins sont faits
avec des boîtes à sucre
et l'église avec des boîtes
à chaussures !

Voici le plan de cette rue.
Il a été fait
avec les empreintes des boîtes
de la maquette.
Où est le magasin de jouets ?
Où se trouve l'église ?

1

C'est un chantier pour la construction du métro.

20 La rue change

2

Les ouvriers démolissent un vieil immeuble pour élargir la chaussée.

3

Voici l'ancienne poste. On va bientôt la démolir.
Sur la droite, c'est la nouvelle poste.

4

Ça y est !
On démolit
la vieille poste !

5

Maintenant,
il ne reste que
la poste moderne.
Quel changement !

1

À la gare,
l'horaire du train pour Nice
est affiché.

21
Le carnaval de Nice

2

Et voici Sa Majesté
Carnaval !

La foule est nombreuse.
Ce jour-là, on lance beaucoup de confettis
et de serpentins dans les rues.

3

Les enfants de l'école ont fêté Carnaval !
Avec du papier crépon de couleurs vives,
on peut confectionner de beaux déguisements.

4

Ailleurs aussi,
il y a des carnavals.

Tu lis cette affiche.
Combien de temps a duré le carnaval
de Chalon ? C'était quel mois ? En quelle année ?

1

À la maternité.

22 C'était hier, quand j'étais petit

2 et 3

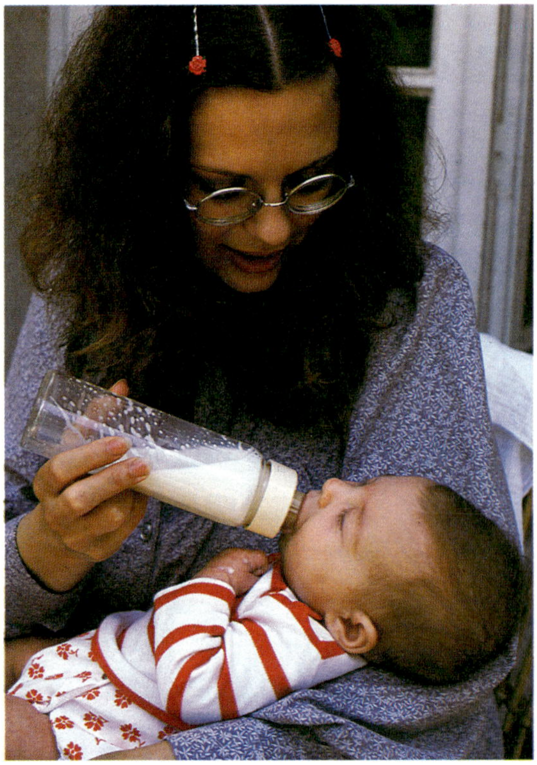

La journée de bébé : le biberon du matin.

1 an déjà !

4 et 5

Les premiers pas.

L'entrée à l'école maternelle.

6

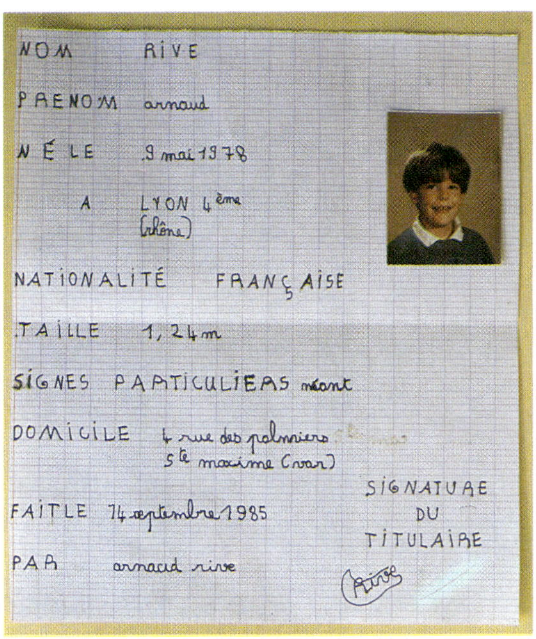

NOM RIVE

PRENOM arnaud

NÉ LE 9 mai 1978

A LYON 4ème (rhône)

NATIONALITÉ FRANÇAISE

TAILLE 1,24 m

SIGNES PARTICULIERS néant

DOMICILE 4 rue des palmiers ste maxime (var)

FAIT LE 14 septembre 1985

PAR arnaud rive

SIGNATURE DU TITULAIRE

Arnaud a fait
sa carte d'identité.
Toi aussi,
tu fais la tienne.

Tu cherches des photos de toi quand tu étais petit. Tu les classes, en commençant par la plus ancienne.

1

C'est un repas de noces à la campagne, autrefois.

23 C'était hier, dans ma famille

2

C'est dans l'album de famille
que Jean-Christophe a trouvé cette photographie
de son grand-père Gustave.

3 et 4

Quand grand-mère Élise avait cinq ans,
elle ne connaissait pas encore grand-père !
Après leur mariage, papa est né.

5

Gilbert, mon père,
a rencontré Françoise,
ma mère. Et alors,
moi, Jean-Christophe,
je suis né !

Tu cherches les photographies des gens de ta famille. Tu les places dans l'ordre.

Les plus âgés que toi.

TOI

Les plus jeunes que toi.

1

Que peut-on trouver au grenier ?

24
C'était autrefois, il y a longtemps

2

Autrefois, il n'y avait pas de téléviseur dans les maisons. Comment passait-on les soirées ?

3

Au musée de l'automobile.

4 et 5

Que trouve-t-on
chez le brocanteur ?

Autrefois, on venait
chercher l'eau
à la fontaine du village.

1

Bientôt, les oisillons sortiront du nid.

25 C'est le printemps voici les beaux jours !

2

Aujourd'hui, les maraîchers cultivent de plus en plus les légumes en serres.

La fête du Mai
à la campagne.

3 et 4

Les arbres fruitiers
sont en fleurs.
Attention au gel !

5

MARS			
Les jours augmentent de 1 h 52			
1	S	Aubin	
2	D	Charles le Bon	
3	L	Guénolé	10
4	M	Casimir	
5	M	Olive	
6	J	Mi-Carême	
7	V	Félicité	*a*
8	S	Jean de Dieu	
9	D	Françoise	
10	L	Vivien	11
11	M	Rosine	
12	M	Justine	
13	J	Rodrigue	
14	V	Mathilde	*a*
15	S	Louise	
16	D	Bénédicte	
17	L	Patrice	12
18	M	Cyrille	
19	M	Joseph	
20	J	Herbert	
21	V	Clémence	*a*
22	S	Léa	
23	D	Rameaux	
24	L	Catherine	13
25	M	Humbert	
26	M	Larissa	
27	J	Habib	
28	V	Vend. Saint	*ja*
29	S	Gwladys	
30	D	PAQUES	
31	L	Benjamin	14

AVRIL			
Les jours augmentent de 1 h 43			
1	M	Hugues	
2	M	Sandrine	
3	J	Richard	
4	V	Isidore	
5	S	Irène	
6	D	Marcellin	
7	L	Annonciation	15
8	M	Julie	
9	M	Gautier	
10	J	Fulbert	
11	V	Stanislas	
12	S	Jules	
13	D	Ida	
14	L	Maxime	16
15	M	Paterne	
16	M	Benoit Labre	
17	J	Anicet	
18	V	Parfait	
19	S	Emma	
20	D	Odette	
21	L	Anselme	17
22	M	Alexandre	
23	M	Georges	
24	J	Fidèle	
25	V	Marc	
26	S	Alida	
27	D	Souv. Déportés	
28	L	Valérie	18
29	M	Cath. de Sienne	
30	M	Robert	
Printemps 20 mars à 22 h 03			

MAI			
Les jours augmentent de 1 h 18			
1	J	F. TRAVAIL	
2	V	Boris	
3	S	Jacques/Phil.	
4	D	Sylvain	
5	L	Judith	19
6	M	Prudence	
7	M	Gisèle	
8	J	ASCENSION	
9	V	Pacôme	
10	S	Solange	
11	D	Fête J. d'Arc	
12	L	Achille	20
13	M	Rolande	
14	M	Matthias	
15	J	Denise	
16	V	Honoré	
17	S	Pascal	
18	D	PENTECOTE	
19	L	Yves	21
20	M	Bernardin	
21	M	Constantin	*QT*
22	J	Emile	
23	V	Didier	
24	S	Donatien	
25	D	F. des Mères	
26	L	Bérenger	22
27	M	Augustin	
28	M	Germain	
29	J	Aymar	
30	V	Ferdinand	
31	S	Visitation	

Tu cherches sur le calendrier :

Printemps
Rameaux
PÂQUES
FÊTE du TRAVAIL
ASCENSION
PENTECÔTE

Et la Fête de Jeanne d'Arc, quand est-ce ?
Est-ce avant ou après la fête des Mères ?

26
Ce que nous devons savoir

1. Françoise, Adil et Céline vont se retrouver devant la vitrine du magasin de jouets.

Tu cherches par où elles vont passer.

2. Le train part de Nice à

Il arrive à Cannes et repart vers

Il arrive à Marseille à

Il repart de Marseille à

Il sera à Paris vers

3. Tu lis l'heure.

4. Tu mets les étiquettes dans l'ordre.

Rameaux PÂQUES PENTECÔTE ASCENSION fête des Mères

5. Tu cherches sur le calendrier
le nom de ces jours de fête.

1er mai **8 mai**

Quel est le jour de la fête de Pâques ?

6. Tu remets les trois dessins dans l'ordre :
tu indiques d'abord quel est le plus vieux ;
tu mets le plus moderne à la fin.

7. C'est le printemps, voici les beaux jours.
Le verger est en fleurs.
Deux mésanges font leur nid.
La voisine sème des graines de laitue.
Voici les vacances de Pâques.
En avril, ne te découvre pas d'un fil.
En mai, fais ce qu'il te plaît.
Mais attention ! Poisson d'avril !

1

Cette nuit,
l'alpiniste dormira au refuge.

27
A la montagne

2

Voici un troupeau de moutons dans les Pyrénées.
Le berger conduit son troupeau à l'alpage.

3

Voici Val-d'Isère, dans les Alpes.
La route passe au fond de la vallée.

4 et 5

Saint-Véran est le village le plus élevé d'Europe.

Le téléphérique emporte les skieurs au sommet des pistes.

28
Le 1er mai

1

Autrefois,
on vendait du muguet le 1er mai.
Aujourd'hui encore,
on vend du muguet ce jour-là.

2

Chaque année, les syndicats organisent
des défilés de travailleurs dans toute la France.

MAI			
Les jours augmentent de 1 h 18			
1	J	F. TRAVAIL	
2	V	Boris	
3	S	Jacques/Phil.	
4	D	Sylvain	
5	L	Judith	19
6	M	Prudence	
7	M	Gisèle	
8	J	ASCENSION	
9	V	Pacôme	
10	S	Solange	
11	D	Fête J. d'Arc	
12	L	Achille	20
13	M	Rolande	
14	M	Matthias	
15	J	Denise	
16	V	Honoré	
17	S	Pascal	
18	D	PENTECOTE	
19	L	Yves	21
20	M	Bernardin	
21	M	Constantin	QT
22	J	Emile	
23	V	Didier	
24	S	Donatien	
25	D	F. des Mères	
26	L	Bérenger	22
27	M	Augustin	
28	M	Germain	
29	J	Aymar	
30	V	Ferdinand	
31	S	Visitation	

3

Le 1er mai sur la place Rouge à Moscou.

4

Le 1er mai à Mexico.

Tu cherches sur le calendrier la FÊTE du TRAVAIL, l'ASCENSION, la PENTECÔTE.
Combien de jours a le mois de mai ?
Quel jour est la pleine lune ?

1

La planche à voile
avance très vite
dans le vent et les vagues.

29
La mer

2

Sainte-Marine est un port de pêche en Bretagne.
A marée basse, on voit toute la coque des bateaux.

3

Voici le *Clemenceau.* C'est un porte-avions du port militaire de Toulon. Il y a aussi le *Foch.*

4 et 5

La nuit, le phare guide la circulation des bateaux.

À Etretat, des falaises bordent la mer.

30 Au-dessus des villes

1

Quand on est au-dessus d'une ville,
on voit tout d'un seul coup d'œil.
On voit très bien les immeubles, les avenues, les places et les monuments. Ici, c'est la ville de Bordeaux.
La grande place s'appelle la place des Quinconces.
Le fleuve s'appelle la Garonne.
Les grues du port servent à décharger les cargos.
Tu imagines que tu es dans un avion
au-dessus de ta ville. Que vois-tu ?

et des villages

2

Quand on est au-dessus d'un village, on voit tout :
l'église, les toits des habitations, les rues, la place...
On peut aussi retrouver son école et peut-être sa maison.
Ici, c'est le village d'Angles-sur-l'Anglin (Vienne).
On voit la colline en face, la rivière, le pont et la route.
Tu imagines que tu es dans un hélicoptère
au-dessus de ton village. Que vois-tu ?

1

C'est la fin des vacances de juillet et les départs du mois d'août. La circulation sera difficile.

31 L'été arrive, c'est bientôt les vacances !

2

Ces enfants sont en colonie de vacances.
Ils apprennent à manœuvrer un voilier.

3

Pour le 14 juillet, on met des drapeaux à la mairie et on tire un feu d'artifice. C'est la fête nationale.

4 et 5

AVRIL — Les jours augmentent de 1 h 43

1	M	Hugues	◖
2	M	Sandrine	
3	J	Richard	
4	V	Isidore	
5	S	Irène	
6	D	Marcellin	
7	L	Annonciation	15
8	M	Julie	
9	M	Gautier	●
10	J	Fulbert	
11	V	Stanislas	
12	S	Jules	
13	D	Ida	
14	L	Maxime	16
15	M	Paterne	
16	M	Benoit Labre	
17	J	Anicet	◗
18	V	Parfait	
19	S	Emma	
20	D	Odette	
21	L	Anselme	17
22	M	Alexandre	
23	M	Georges	
24	J	Fidèle	○
25	V	Marc	
26	S	Alida	
27	D	Souv. Déportés	
28	L	Valérie	18
29	M	Cath. de Sienne	
30	M	Robert	

Printemps 20 mars à 22 h 03

MAI — Les jours augmentent de 1 h 18

1	J	F. TRAVAIL	◖
2	V	Boris	
3	S	Jacques/Phil.	
4	D	Sylvain	
5	L	Judith	19
6	M	Prudence	
7	M	Gisèle	
8	J	ASCENSION	●
9	V	Pacôme	
10	S	Solange	
11	D	Fête J. d'Arc	
12	L	Achille	20
13	M	Rolande	
14	M	Matthias	
15	J	Denise	
16	V	Honoré	
17	S	Pascal	◗
18	D	PENTECOTE	
19	L	Yves	21
20	M	Bernardin	
21	M	Constantin	QT
22	J	Emile	
23	V	Didier	○
24	S	Donatien	
25	D	F. des Mères	
26	L	Bérenger	22
27	M	Augustin	
28	M	Germain	
29	J	Aymar	
30	V	Ferdinand	◖
31	S	Visitation	

JUIN — Les jours augmentent de 13 mn

1	D	FETE DIEU	
2	L	Blandine	23
3	M	Kévin	
4	M	Clotilde	
5	J	Igor	
6	V	Sacré-Cœur	
7	S	Gilbert	●
8	D	Médard	
9	L	Diane	24
10	M	Landry	
11	M	Barnabé	
12	J	Guy	
13	V	Antoine de P.	
14	S	Elisée	
15	D	F. des Pères	◗
16	L	Jean-Fr.-Rég.	25
17	M	Hervé	
18	M	Léonce	
19	J	Romuald	
20	V	Silvère	
21	S	Rodolphe	
22	D	Alban	○
23	L	Audrey	26
24	M	Jean-Baptiste	
25	M	Prosper	
26	J	Anthelme	
27	V	Fernand	
28	S	Irénée	
29	D	Pierre/Paul	◖
30	L	Martial	27

Eté 21 juin à 16 h 30

JUILLET — Les jours diminuent de 1 h

1	M	Thierry	
2	M	Martinien	
3	J	Thomas	
4	V	Florent	
5	S	Antoine-Marie	
6	D	Mariette	
7	L	Raoul	● 28
8	M	Thibaut	
9	M	Amandine	
10	J	Ulrich	
11	V	Benoit	
12	S	Olivier	
13	D	Henri/Joël	
14	L	FETE NAT.	◗ 29
15	M	Donald	
16	M	ND Mt Carmel	
17	J	Charlotte	
18	V	Frédéric	
19	S	Arsène	
20	D	Marina	
21	L	Victor	○ 30
22	M	Marie-Mad.	
23	M	Brigitte	
24	J	Christine	
25	V	Jacques le Maj.	
26	S	Anne	
27	D	Nathalie	
28	L	Samson	◖ 31
29	M	Marthe	
30	M	Juliette	
31	J	Ignace de L.	

AOUT — Les jours diminuent de 1 h 39

1	V	Alphonse	
2	S	Julien	
3	D	Lydie	
4	L	J-M Vianney	32
5	M	Abel	●
6	M	Transfiguration	
7	J	Gaétan	
8	V	Dominique	
9	S	Amour	
10	D	Laurent	
11	L	Claire	33
12	M	Clarisse	
13	M	Hippolyte	◗
14	J	Evrard	
15	V	ASSOMPTION	
16	S	Armel	
17	D	Hyacinthe	
18	L	Hélène	34
19	M	Jean Eudes	○
20	M	Bernard	
21	J	Christophe	
22	V	Fabrice	
23	S	Rose	
24	D	Barthélemy	
25	L	Louis	35
26	M	Natacha	
27	M	Monique	◖
28	J	Augustin	
29	V	Sabine	
30	S	Fiacre	
31	D	Aristide	

SEPTEMBRE — Les jours diminuent de 1 h 46

1	L	Gilles	36
2	M	Ingrid	
3	M	Grégoire	
4	J	Rosalie	●
5	V	Raïssa	
6	S	Bertrand	
7	D	Reine	
8	L	Nativité N-D	37
9	M	Alain	
10	M	Inès	
11	J	Adelphe	◗
12	V	Apollinaire	
13	S	Aimé	
14	D	Sainte-Croix	
15	L	Roland	38
16	M	Edith	
17	M	Renaud	
18	J	Nadège	○
19	V	Emilie	
20	S	Davy	
21	D	Matthieu	
22	L	Maurice	39
23	M	Constant	
24	M	Thècle	QT
25	J	Hermann	
26	V	Côme/Damien	◖
27	S	Vincent de Paul	
28	D	Venceslas	
29	L	Michel	40
30	M	Jérôme	

Automne 23 septemb à 7 h 59

Tu cherches sur le calendrier :

la date de l'Été et celle de la Saint-Jean, la date des vacances scolaires, la date de la FÊTE NATIONALE, de l'ASSOMPTION et de l'Automne.

32

Quand cela s'est-il passé ?

1

Le jour de l'An.

JANVIER — Les jours augmentent de 1 h 06

1	M	JOUR DE L'AN	
2	J	Basile	01
3	V	Geneviève	
4	S	Odilon	
5	D	Epiphanie	
6	L	Melaine	02
7	M	Raymond	
8	M	Lucien	
9	J	Alix	
10	V	Guillaume	
11	S	Paulin	
12	D	Bapt. du Seign.	
13	L	Yvette	03
14	M	Nina	
15	M	Rémi	
16	J	Marcel	
17	V	Roseline	
18	S	Prisca	
19	D	Marius	
20	L	Sébastien	04
21	M	Agnès	
22	M	Vincent	
23	J	Barnard	
24	V	François Sales	
25	S	Conv. St Paul	
26	D	Paule	
27	L	Angèle	05
28	M	Thom. d'Aquin	
29	M	Gildas	
30	J	Martine	
31	V	Marcelle	

FEVRIER — Les jours augmentent de 1 h 34

1	S	Ella	
2	D	Présentation	
3	L	Blaise	06
4	M	Véronique	
5	M	Agathe	
6	J	Gaston	
7	V	Eugénie	
8	S	Jacqueline	
9	D	Apolline	
10	L	Arnaud	07
11	M	Mardi gras	
12	M	Cendres	*ja*
13	J	Béatrice	
14	V	Valentin	*a*
15	S	Claude	
16	D	Carême	
17	L	Alexis	08
18	M	Bernadette	
19	M	Gabin	*QT*
20	J	Aimée	
21	V	Pierre Damien	*a*
22	S	Isabelle	
23	D	Lazare	
24	L	Modeste	09
25	M	Roméo	
26	M	Nestor	
27	J	Honorine	
28	V	Romain	*a*

COMPUT 1986
Nombre d'or 11 Cycle solaire 7
Epacte 19 Lettre dominicale E

MARS — Les jours augmentent de 1 h 52

1	S	Aubin	
2	D	Charles le Bon	
3	L	Guénolé	10
4	M	Casimir	
5	M	Olive	
6	J	Mi-Carême	
7	V	Félicité	*a*
8	S	Jean de Dieu	
9	D	Françoise	
10	L	Vivien	11
11	M	Rosine	
12	M	Justine	
13	J	Rodrigue	
14	V	Mathilde	*a*
15	S	Louise	
16	D	Bénédicte	
17	L	Patrice	12
18	M	Cyrille	
19	M	Joseph	
20	J	Herbert	
21	V	Clémence	*a*
22	S	Léa	
23	D	Rameaux	
24	L	Catherine	13
25	M	Humbert	
26	M	Larissa	
27	J	Habib	
28	V	Vend. Saint	*ja*
29	S	Gwladys	
30	D	PAQUES	
31	L	Benjamin	14

AVRIL — Les jours augmentent de 1 h 43

1	M	Hugues	
2	M	Sandrine	
3	J	Richard	
4	V	Isidore	
5	S	Irène	
6	D	Marcellin	
7	L	Annonciation	15
8	M	Julie	
9	M	Gautier	
10	J	Fulbert	
11	V	Stanislas	
12	S	Jules	
13	D	Ida	
14	L	Maxime	16
15	M	Paterne	
16	M	Benoit Labre	
17	J	Anicet	
18	V	Parfait	
19	S	Emma	
20	D	Odette	
21	L	Anselme	17
22	M	Alexandre	
23	M	Georges	
24	J	Fidèle	
25	V	Marc	
26	S	Alida	
27	D	Souv. Déportés	
28	L	Valérie	18
29	M	Cath. de Sienne	
30	M	Robert	

Printemps 20 mars à 22 h 03

MAI — Les jours augmentent de 1 h 18

1	J	F. TRAVAIL	
2	V	Boris	
3	S	Jacques/Phil.	
4	D	Sylvain	
5	L	Judith	19
6	M	Prudence	
7	M	Gisèle	
8	J	ASCENSION	
9	V	Pacôme	
10	S	Solange	
11	D	Fête J. d'Arc	
12	L	Achille	20
13	M	Rolande	
14	M	Matthias	
15	J	Denise	
16	V	Honoré	
17	S	Pascal	
18	D	PENTECOTE	
19	L	Yves	21
20	M	Bernardin	
21	M	Constantin	*QT*
22	J	Emile	
23	V	Didier	
24	S	Donatien	
25	D	F. des Mères	
26	L	Bérenger	22
27	M	Augustin	
28	M	Germain	
29	J	Aymar	
30	V	Ferdinand	
31	S	Visitation	

JUIN — Les jours augmentent de 13 mn

1	D	FETE DIEU	
2	L	Blandine	23
3	M	Kévin	
4	M	Clotilde	
5	J	Igor	
6	V	Sacré-Cœur	
7	S	Gilbert	
8	D	Médard	
9	L	Diane	24
10	M	Landry	
11	M	Barnabé	
12	J	Guy	
13	V	Antoine de P.	
14	S	Elisée	
15	D	F. des Pères	
16	L	Jean-Fr.-Rég.	25
17	M	Hervé	
18	M	Léonce	
19	J	Romuald	
20	V	Silvère	
21	S	Rodolphe	
22	D	Alban	
23	L	Audrey	26
24	M	Jean-Baptiste	
25	M	Prosper	
26	J	Anthelme	
27	V	Fernand	
28	S	Irénée	
29	D	Pierre/Paul	
30	L	Martial	27

Eté 21 juin à 16 h 30

2 et 3

La classe de neige.

Un anniversaire.

4

Le 14 juillet.

JUILLET — Les jours diminuent de 1 h

1	M	Thierry	
2	M	Martinien	
3	J	Thomas	
4	V	Florent	
5	S	Antoine-Marie	
6	D	Mariette	
7	L	Raoul	28
8	M	Thibaut	
9	M	Amandine	
10	J	Ulrich	
11	V	Benoit	
12	S	Olivier	
13	D	Henri/Joël	
14	L	FETE NAT.	29
15	M	Donald	
16	M	ND Mt Carmel	
17	J	Charlotte	
18	V	Frédéric	
19	S	Arsène	
20	D	Marina	
21	L	Victor	30
22	M	Marie-Mad.	
23	M	Brigitte	
24	J	Christine	
25	V	Jacques le Maj.	
26	S	Anne	
27	D	Nathalie	
28	L	Samson	31
29	M	Marthe	
30	M	Juliette	
31	J	Ignace de L.	

AOUT — Les jours diminuent de 1 h 39

1	V	Alphonse	
2	S	Julien	
3	D	Lydie	
4	L	J-M Vianney	32
5	M	Abel	
6	M	Transfiguration	
7	J	Gaétan	
8	V	Dominique	
9	S	Amour	
10	D	Laurent	
11	L	Claire	33
12	M	Clarisse	
13	M	Hippolyte	
14	J	Evrard	
15	V	ASSOMPTION	
16	S	Armel	
17	D	Hyacinthe	
18	L	Hélène	34
19	M	Jean Eudes	
20	M	Bernard	
21	J	Christophe	
22	V	Fabrice	
23	S	Rose	
24	D	Barthélemy	
25	L	Louis	35
26	M	Natacha	
27	M	Monique	
28	J	Augustin	
29	V	Sabine	
30	S	Fiacre	
31	D	Aristide	

SEPTEMBRE — Les jours diminuent de 1 h 46

1	L	Gilles	36
2	M	Ingrid	
3	M	Grégoire	
4	J	Rosalie	
5	V	Raïssa	
6	S	Bertrand	
7	D	Reine	
8	L	Nativité N-D	37
9	M	Alain	
10	M	Inès	
11	J	Adelphe	
12	V	Apollinaire	
13	S	Aimé	
14	D	Sainte-Croix	
15	L	Roland	38
16	M	Edith	
17	M	Renaud	
18	J	Nadège	
19	V	Emilie	
20	S	Davy	
21	D	Matthieu	
22	L	Maurice	39
23	M	Constant	
24	M	Thècle	QT
25	J	Hermann	
26	V	Côme/Damien	
27	S	Vincent de Paul	
28	D	Venceslas	
29	L	Michel	40
30	M	Jérôme	

Automne 23 septemb. à 7 h 59

OCTOBRE — Les jours diminuent de 1 h 46

1	M	Thérèse E.-Jés.	
2	J	Léger	
3	V	Gérard	
4	S	François Ass.	
5	D	Fleur	
6	L	Bruno	41
7	M	Serge	
8	M	Pélagie	
9	J	Denis	
10	V	Ghislain	
11	S	Firmin	
12	D	Wilfried	
13	L	Géraud	42
14	M	Juste	
15	M	Thérèse d'Avila	
16	J	Edwige	
17	V	Baudouin	
18	S	Luc	
19	D	René	
20	L	Adeline	43
21	M	Céline	
22	M	Salomé	
23	J	Jean de Cap.	
24	V	Florentin	
25	S	Crépin	
26	D	Dimitri	
27	L	Emeline	44
28	M	Simon	
29	M	Narcisse	
30	J	Bienvenue	
31	V	Quentin	

NOVEMBRE — Les jours diminuent de 1 h 21

1	S	TOUSSAINT	
2	D	Défunts	
3	L	Hubert	45
4	M	Charles Borrom.	
5	M	Sylvie	
6	J	Bertille	
7	V	Carine	
8	S	Geoffroy	
9	D	Théodore	
10	L	Léon	46
11	M	VICTOIRE 1918	
12	M	Christian	
13	J	Brice	
14	V	Sidoine	
15	S	Albert	
16	D	Marguerite	
17	L	Elisabeth	47
18	M	Aude	
19	M	Tanguy	
20	J	Edmond	
21	V	Présent. N.-D.	
22	S	Cécile	
23	D	Christ-Roi	
24	L	Flora	48
25	M	Cath. Labouré	
26	M	Delphine	
27	J	Séverin	
28	V	Jacq. de la M.	
29	S	Saturnin	
30	D	Avent	

Hiver 22 décembre à 4 h 02

DECEMBRE — Les jours diminuent de 16 mn

1	L	Florence	49
2	M	Viviane	
3	M	Franç. Xavier	
4	J	Barbara	
5	V	Gérald	
6	S	Nicolas	
7	D	Ambroise	
8	L	Imm.Conc.	50
9	M	Pierre Fourier	
10	M	Romaric	
11	J	Daniel	
12	V	Chantal	
13	S	Lucie	
14	D	Odile	
15	L	Ninon	51
16	M	Alice	
17	M	Judicaël	QT
18	J	Gatien	
19	V	Urbain	
20	S	Théophile	
21	D	Pierre Canisius	
22	L	Françoise-X.	52
23	M	Hartmann	
24	M	Adèle	
25	J	NOEL	
26	V	Etienne	
27	S	Jean Apôtre	
28	D	Ste Famille	
29	L	David	01
30	M	Roger	
31	M	Sylvestre	

5

Le départ
en vacances.

6

Une visite au Centre Georges Pompidou.

1

Un calendrier décoré.

33 Les calendriers

Que trouve-t-on sur un calendrier ?
On y trouve : l'année, les mois, les semaines et les jours.

2

Un calendrier musulman.

3

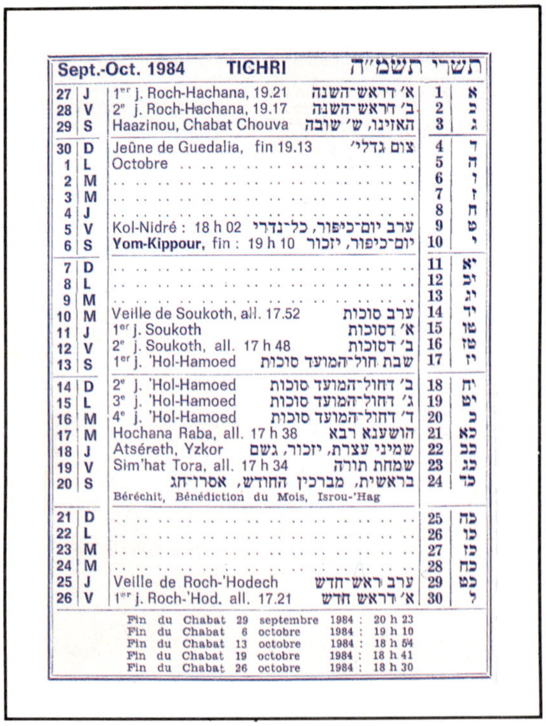

Sept.-Oct. 1984		TICHRI		תשרי תשמ״ה	
27	J	1er j. Roch-Hachana, 19.21	א׳ דראש־השנה	1	א
28	V	2e j. Roch-Hachana, 19.17	ב׳ דראש־השנה	2	ב
29	S	Haazinou, Chabat Chouva	האזינו, ש׳ שובה	3	ג
30	D	Jeûne de Guedalia, fin 19.13	צום גדלי׳	4	ד
1	L	Octobre		5	ה
2	M			6	ו
3	M			7	ז
4	J			8	ח
5	V	Kol-Nidré : 18 h 02	ערב יום־כיפור, כל־נדרי	9	ט
6	S	**Yom-Kippour,** fin : 19 h 10	יום־כיפור, יזכור	10	י
7	D			11	יא
8	L			12	יב
9	M			13	יג
10	M	Veille de Soukoth, all. 17.52	ערב סוכות	14	יד
11	J	1er j. Soukoth	א׳ דסוכות	15	טו
12	V	2e j. Soukoth, all. 17 h 48	ב׳ דסוכות	16	טז
13	S	1er j. 'Hol-Hamoed	שבת חול־המועד סוכות	17	יז
14	D	2e j. 'Hol-Hamoed	ב׳ דחול־המועד סוכות	18	יח
15	L	3e j. 'Hol-Hamoed	ג׳ דחול־המועד סוכות	19	יט
16	M	4e j. 'Hol-Hamoed	ד׳ דחול־המועד סוכות	20	כ
17	M	Hochana Raba, all. 17 h 38	הושענא רבא	21	כא
18	J	Atséreth, Yzkor	שמיני עצרת, יזכור, גשם	22	כב
19	V	Sim'hat Tora, all. 17 h 34	שמחת תורה	23	כג
20	S	Béréchit, Bénédiction du Mois, Isrou-'Hag	בראשית, מברכין החודש, אסרו־חג	24	כד
21	D			25	כה
22	L			26	כו
23	M			27	כז
24	M			28	כח
25	J	Veille de Roch-'Hodech	ערב ראש־חדש	29	כט
26	V	1er j. Roch-'Hod. all. 17.21	א׳ דראש חדש	30	ל

Fin du Chabat 29 septembre 1984 : 20 h 23
Fin du Chabat 6 octobre 1984 : 19 h 10
Fin du Chabat 13 octobre 1984 : 18 h 54
Fin du Chabat 19 octobre 1984 : 18 h 41
Fin du Chabat 26 octobre 1984 : 18 h 30

Un calendrier israélite.

JUIN		
Les jours augmentent de 13 mn		
1	D	FETE DIEU
2	L	Blandine 23
3	M	Kévin
4	M	Clot
5	J	Igo
6	V	Sac
7	S	Gilbe
8	D	Médard
9	L	Diane 24
10	M	Landry
11	M	Barnabé
12	J	Guy
13	V	Antoine
14	S	Elisée
15	D	F. des Pères
16	L	Jean-Fr.-Rég. 25
17	M	Hervé
18	M	Léon
19	J	Ror
20	V	Silv
21	S	Rod
22	D	Alban
23	L	Audrey 26
24	M	Jean-Baptiste
25	M	Prosp
26	J	Anth
27	V	Fern
28	S	Iréné
29	D	Pierre/
30	L	Martial 27
Eté : 21 juin à 16 h 30		

La lune
se modifie
au cours du mois.

4

Un an = deux semestres.

5

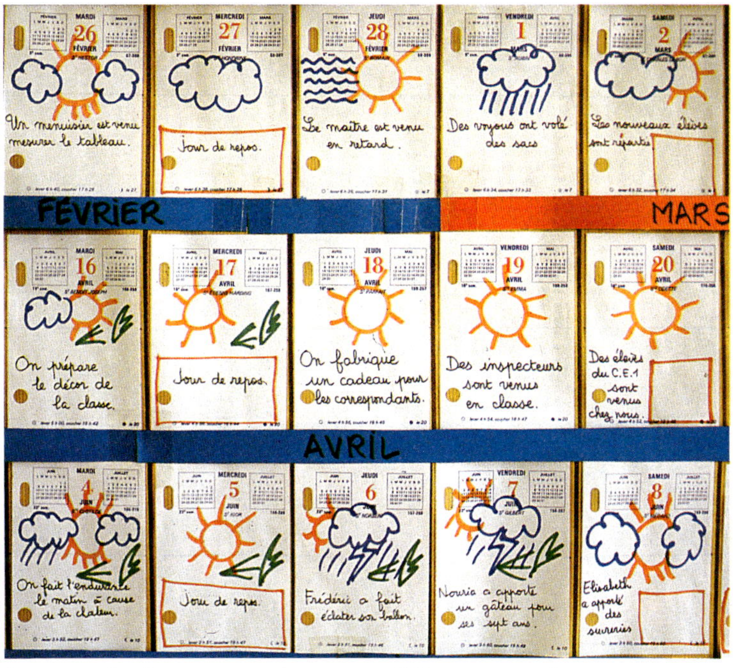

La météo en classe. Chaque jour, les élèves indiquent le temps qu'il fait.

34 Des plans

1 

Côté pelouse

2 

C'est le plan d'un groupe scolaire.

3 

Côté
cour de récréation.

4

La tonnelle
cache l'entrée.

C'est le plan de la maison du garde-barrière.

5

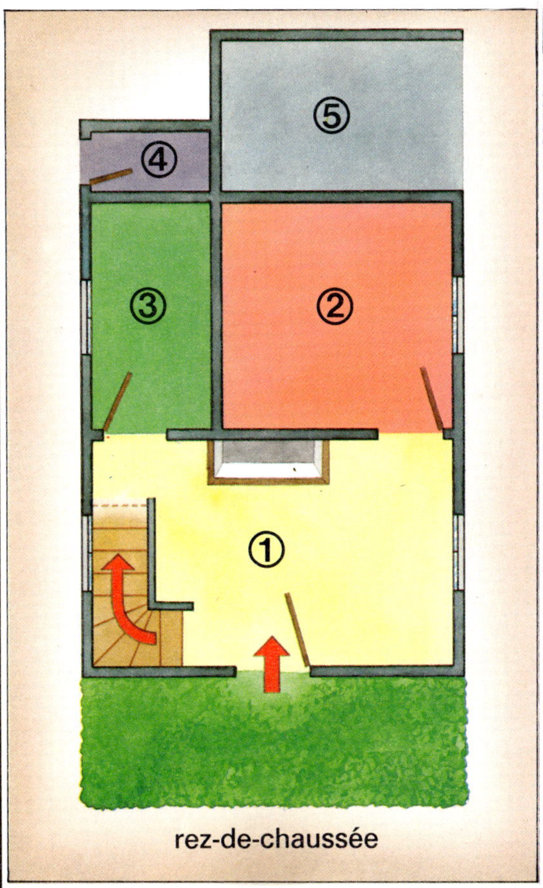

Autrefois	Aujourd'hui
1 Pièce à feu	Cuisine
2 Chambre........	Salle à manger
3 Débarras........	Cabinet de toilette
4 W.C. à la turque	W.C. modernes
5 Soute à charbon	Garage
6 Grenier	2 chambres

6

Façade Est
de la maison.

35 Ce qui s'est passé cette année

1 Au fil des saisons

janvier	février	mars	avril	mai	juin

2 Dans mon pays

janvier	février	mars	avril	mai	juin

et dans ma commune

3 Dans ma famille

janvier	février	mars	avril	mai	juin

et à l'école

Et maintenant, toi aussi...

juillet	août	septembre	octobre	novembre	décembre

juillet	août	septembre	octobre	novembre	décembre

juillet	août	septembre	octobre	novembre	décembre

… tu construis la frise de l'année.

36

Des paysages en France

1

Une côte rocheuse en Bretagne.

2

Des volcans en Auvergne.

3 et 4

La moisson en Ile-de-France.

Des montagnes :
les Alpes françaises.

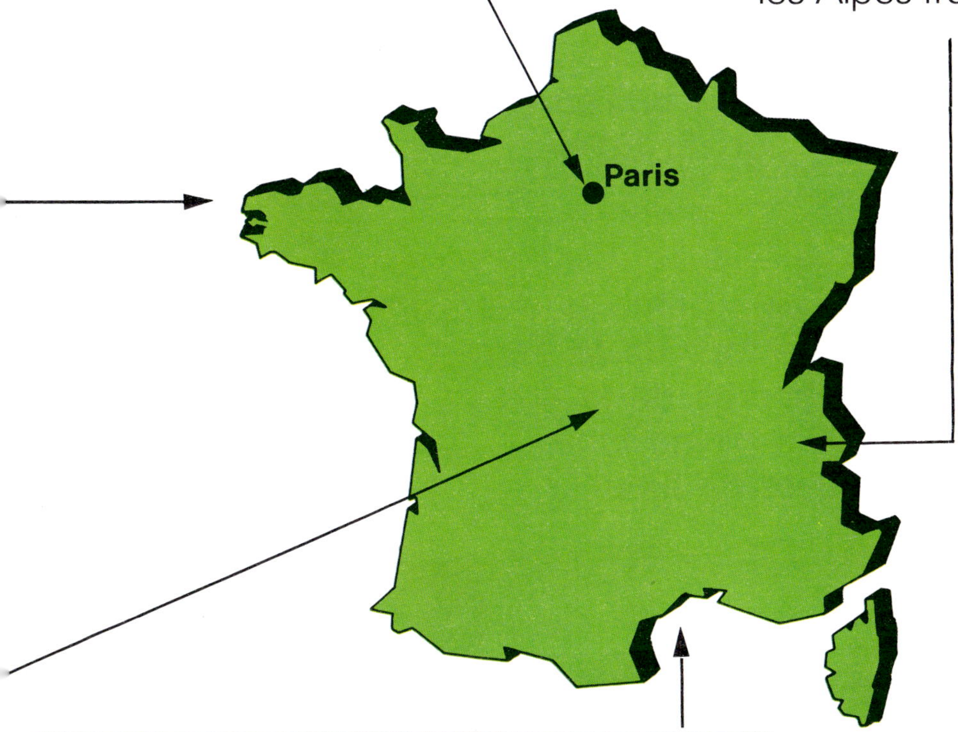

5

Une plage en Méditerranée.

Des phrases et des mots

1 C'est le **Soleil** qui nous éclaire
pendant les heures du jour.

2 La **Terre**
fait le tour du Soleil.
Il faut une année à la Terre
pour faire le tour du Soleil.

3 La **Lune** est plus petite que la Terre.
La Lune fait le tour de la Terre.
Pendant les heures de la nuit,
on peut voir la pleine lune
ou les quartiers de lune.

4 Dans notre pays,
il y a quatre **saisons**
dans une année :
le printemps, l'été,
l'automne, l'hiver.

5 L'**année** a 365 jours ou 366 jours.
Il y a 12 mois dans une année.

6 C'est à l'**Est** que l'on voit
le soleil **levant** sur l'horizon.

7 À **midi**,
c'est la douzième (12e) heure.
À **minuit**,
c'est la vingt-quatrième (24e) heure.
À minuit,
une nouvelle journée commence.

8 C'est la **météorologie**
qui nous donne les renseignements
sur le temps qu'il va faire.
Le **thermomètre** indique
la température qu'il fait.

9 Tous les jours, l'océan monte
et descend : c'est la **marée**.

10 Le long de la côte, il y a
des **falaises**, des **rochers**
ou des **plages** de sable.

11 Un **glacier** est formé par
des couches épaisses
de neige et de glace
qui descendent des montagnes.
L'**alpiniste** passe sur des glaciers
pour atteindre le **sommet**
de la montagne.

12 Le **fleuve** coule vers la mer.
Quelquefois, le fleuve inonde
la **vallée** et la **plaine**.

13 Les **touristes** vont visiter
les **volcans** en Auvergne.

14 Pour les **cérémonies** du 11 novembre,
il y a des **défilés**.
Le président de la **République**
remet des médailles.
La musique militaire joue la **Marseillaise**
devant le **monument aux morts.**

15 La tour Eiffel est un monument.
La **capitale** de la **France**, c'est **Paris**.

16 Sur le **calendrier**,
on trouve la date des fêtes,
et on peut écrire
la date des anniversaires.

17 Dans l'**almanach**,
on trouve des renseignements
sur les saisons, sur la météo
sur la Lune et sur les planètes.

18 Pendant le **carnaval**,
la rue change.
Les gens se déguisent
et lancent des confettis.

19 Dans l'**album**
des photographies de la famille,
on retrouve les souvenirs
du temps passé.

20 Au **musée**,
les visiteurs regardent les objets
avec curiosité.

21 Chez un **antiquaire**,
on peut acheter de vieux meubles,
de vieilles horloges,
des chandeliers anciens...

Références photographiques

La numérotation des photos s'entend de haut en bas et de gauche à droite.

Couverture : Ph. Jeanbor © Arch. Photeb

p. 4 1. Ph. © J. Guichard – Sygma
2. Ph. © G. Phlix
p. 5 3. Marie-Jo Radenac « La Récréation », 1981 Ph. © Coll. de l'artiste © by A.D.A.G.P., 1986
4. Ph. © G. Phlix
5. Ph. © G. Phlix
p. 6 1. Ph. © G. Phlix
2. Ph. © G. Phlix
p. 7 3. Ph. M. Didier © Photeb
4. Ph. © G. Phlix
5. Ph. © G. Phlix
p. 8-9 n° 1 à 6 : 6 ph. © G. Phlix
p. 10 Ph. Jeanbor © Arch. Photeb
Ph. © V. Winckler – Rapho
Ph. © R. Phelps Frieman – Rapho
Ph. © R. Phelps Frieman – Rapho
Ph. Jeanbor © Arch. Photeb
p. 12 1. Ph. F. Varin © Photeb
2. Ph. © G. Phlix
p. 13 3. Ph. © J.P. Nacivet – Explorer
4. Ph. © Ph. Roy – Explorer
5. Ph. © P. Lorne – Explorer
p. 14 1. Ph. © H. Veiller – Explorer
2. Ph. Jeanbor © Arch. Photeb
p. 15 3. Ph. Jeanbor © Arch. Photeb
4. Ph. © De Sazo – Rapho
p. 17 2. Ph. © G. Phlix
p. 18-19 n° 1 à 7 : 7 ph. © G. Phlix
p. 20 1. Ph. © E.C.P. Armées – Arch. Photeb
2. Ph. © E.C.P. Armées – Photeb
p. 21 3. Ph. © Ciccione – Rapho
4. Ph. © Brucelle – Sygma
p. 22 1. Ph. © J.-M. Labat – Explorer
2. Ph. © G. Phlix
p. 23 3. Ph. © P. Roche – Petit Format. Photeb
4. Ph. © J.-P. Expert – Vloo
5. Ph. © Hallmark Cards Inc – D.R.
p. 24 1. Ph. Jeanbor © Arch. Photeb
2. Ph. © M. Baret – Rush
3. Ph. © G. Phlix
p. 25 4. Ph. © R. Mazin – Top
5. Ph. © F. Varin © Photeb
6. Plaques de rues : ph. © G. Phlix
p. 26 1. Ph. © Giraud – Rapho
2. Ph. © R. Doisneau – Rapho
p. 27 3. Ph. Jeanbor © Arch. Photeb
4. Boulangerie « Poilâne », Paris. Ph. Jeanbor © Arch. Photeb
5. Ph. Jeanbor © Arch. Photeb
6. Boulangerie « Poilâne », Paris. Ph. Jeanbor © Arch. Photeb
p. 28 1. Ph. Jeanbor © Arch. Photeb
2. Ph. © Salon international du jouet – Photeb
p. 29 3. Collection particulière. Ph. Jeanbor © Arch. Photeb
4. Ph. © G. Annunziata – Explorer
p. 30 1. Ph. © Petit-Triquet. Petit-Format
2. Ph. © N. Thibaut – Explorer
p. 31 3. V. Johansens « Joyeux Noël », 1891 Coll. Hirschsprungske, Copenhague. Ph. H. Petersen © Arch. Photeb
4. Ph. © B.G. Silberstein – Rapho
5. Ph. © J. Mainbourg – Rapho
p. 32 1. Carte de « Bonne Année », vers 1900 Collection particulière. Ph. Jeanbor © Photeb. D.R.
2. Ph. © Pictor International
p. 33 3. Collection Amitiés franco-chinoises. Ph. Jeanbor © Photeb
4. Photomontage Jeanbor © Photeb Avec l'aimable autorisation de : l'imprimerie Vaucanson, l'atelier APS, Boissier SA, les Éditions Oberthur. Pour les figurines sur les Sapeurs Pompiers : Ph. © Léonard de Selva – Tapabor
Pour l'œuvre de Marie-Jo Radenac, intitulée : « l'Hiver, la promenade », © by ADAGP 1986.
5. Ph. F. Varin © Photeb
p. 34 1. Ph. © Ph. Roy – Explorer
2. Ph. © A. Roux – Explorer
p. 35 3. Ph. © Ph. Roy – Explorer
4. Ph. Jeanbor © Arch. Photeb
p. 38-39 n° 1 à 4 : 4 ph. © G. Phlix
p. 40 n° 1 à 5 : 5 ph. © G. Phlix
p. 42 1. Ph. © G. Phlix
2. Ph. Jeanbor © Arch. Photeb
p. 43 3. Ph. © G. Phlix
4. Ph. © G. Phlix
5. Ph. © G. Phlix
p. 44 1. Ph. © G. Phlix
2. Ph. © G. Boutin – Explorer
p. 45 3. Ph. © V. Winckler – Rapho
4. I. Branchard. Affiche du Carnaval de Chalon-sur-Saône, 1985. Ph. Jeanbor © Photeb © by Comité des Fêtes de Chalon-sur-Saône. D.R.
p. 46 1. Ph. © Behin – Fotogram
2. Ph. Jeanbor © Arch. Photeb
3. Ph. © Donnezan – Rapho
p. 47 4. Ph. Jeanbor © Arch. Photeb
5. Ph. © V. Winckler – Rapho
6. Ph. © G. Phlix
p. 48 1. A.A. Fourié « Repas de Noces à Yport », XIXe siècle. Musée des Beaux-Arts, Rouen. Ph. © Lauros – Giraudon
2. Ph. © R. Doisneau – Rapho
p. 49 3. Ph. © I.N.R.P. Musée National de l'Éducation – Photeb
4. Ph. © Harlingue – Viollet – Photeb
5. Ph. © T. Orban – Sygma
p. 50 1. Ph. © J. Mainbourg – Rapho
2. Ph. © Boyer – Viollet – Photeb
p. 51 3. Break « Delahaye », 1895-1896. Musée de l'Automobile et de la Technique, Châtellerault. Ph. D. Fleurant © Arch. Photeb
4. Ph. © H. Veiller – Explorer
5. Ph. © R. Claquin – Explorer
p. 52 1. Ph. © C.J. Kitsz – Animals-Animals – Rapho
2. Ph. Jeanbor © Arch. Photeb
p. 53 3. Ph. © F. Jalain – Explorer
4. Ph. © Ciccione – Rapho
p. 56 1. Ph. © Leblanc – Explorer
2. Ph. © J.-P. Ferrero – Explorer
p. 57 3. Ph. © J. Dupont – Explorer
4. Ph. © L. Salou – Explorer
5. Ph. © A. Le Toquin – Explorer
p. 58 1. Anonyme « Le Muguet du 1er Mai », 1907. Coll. Kharbine. Ph. © Edimedia – D.R.
2. Ph. © L. Pérénom – Rush
p. 59 3. Ph. © A.P.N. – Gamma
4. Ph. © A. Thomas – Explorer
p. 60 1. Ph. F. Varin © Photeb
2. Ph. © P. Lorne – Explorer
p. 61 3. Ph. © E.C.P. Armées – Arch. Photeb
4. Ph. © M. Serraillier – Rapho
5. Ph. © L. Salou – Explorer
p. 62 1. Ph. © Vu du Ciel par Alain Perceval ® Marques déposées
p. 63 2. Ph. Jeanbor © Arch. Photeb
p. 64 1. Ph. © J.-P. Laffont – Sygma
2. Ph. © R. de Greef – Marina – Cedri
p. 65 3. Ph. © A. Roux – Explorer
p. 66 1. Ph. © Pictor International
2. Ph. © Windenberger – Rapho
3. Ph. © J.-M. Labat – Explorer
p. 67 4. Ph. © Fournier – Rapho
5. Ph. © J.-A. Pavlovsky – Sygma
6. Visite au Musée National d'Art moderne, Centre G. Pompidou. Ph. Jeanbor © Photeb
p. 68 1. Calendrier des P.T.T. 1986, illustré avec « Le pique-nique à la campagne » de Marie-Jo Radenac © Ed. Oberthur. 1986 © by A.D.A.G.P., 1986.
2. © by Librairie El-Najah – Ph. Jeanbor © Photeb.
3. © by Marbrerie de Bagneux, Jacques Banateanu. Ph. Jeanbor © Photeb.
p. 69 5. Ph. © G. Phlix.
p. 70-71 n°s 1, 3, 4, 6 : 4 Ph. © G. Phlix.
p. 74 1. Ph. © Vu du Ciel par Alain Perceval ® Marques déposées.
2. Ph. © G. Sioen – C.E.D.R.I.
p. 75 3. Ph. Jeanbor © Arch. Photeb.
4. Ph. © Loïc-Jahan.
5. Ph. © Loïc-Jahan.

Maquette (couverture et intérieur) : Bruno Loste.
Illustrations : Gilbert Macé.
Recherche iconographique : Christine Varin et Marguerite de Mlodzianowski, assistées de Laurence Vacher.

Achevé d'imprimer par Maury Imprimeur S.A. 45330 Malesherbes.
Dépôt légal : Février 1987 – N° Imprimeur : A87/20194 H – Dépôt légal de la 1re édition : 1er trimestre 1986.